人际营销的秘密

Questions Are the Answers

问题就是答案

五个黄金问题九大激励因素帮你赢得客户

【澳】阿兰·皮斯（Allan Pease）赖伟雄 黄邦福◎译

九州出版社
JIUZHOUPRESS

图书在版编目（CIP）数据

问题就是答案 /（澳）皮斯著；赖伟雄，黄邦福译.
北京：九州出版社，(2022.1重印)
ISBN 978-7-80195-968-3

I. 问… Ⅱ. ①皮…②赖…③黄… Ⅲ. 企业管理—销售管理 Ⅳ. F274

中国版本图书馆CIP数据核字（2009）第038163号

著作权合同登记号：图字：01-2009-2081号

问题就是答案

作　　者	（澳）阿兰·皮斯 著　　赖伟雄 黄邦福 译
责任编辑	郑闯琦
出版发行	九州出版社
地　　址	北京市西城区阜外大街甲35号（100037）
发行电话	（010）68992190 / 3 / 5 / 6
网　　址	www.jiuzhoupress.com
印　　刷	三河市腾飞印务有限公司
开　　本	880毫米 × 1230毫米　32开
印　　张	4
字　　数	63千字
版　　次	2009年4月第1版
印　　次	2022年1月第3次印刷
书　　号	ISBN 978-7-80195-968-3
定　　价	32.00元

目 录

序　言

阿兰·皮斯

哇！衣服真漂亮，孩子好可爱，你们真幸福——想买车吗？！！
ZANETTI
HONEST ERIC'S
USED CARS

卢克与米娅

卢克是一位建筑商，他决意要闯出一番事业，赚到大钱。他的妻子米娅是一位会计师，深受客户的赏识。一天，邻居马丁邀请他们去参加聚会，说是有一个生意机会要讲给他们听。

马丁并没有详细地说是什么生意机会，不过，聚会的地点距离他们家只有几户之隔，他们又很喜欢马丁，所以决定参加。况且，说不定他们还能见到一些新邻居呢。

聚会进行的时候，卢克和米娅简直不敢相信自己的眼睛和耳朵，他们看见了一个合伙创业计划。这个计划对他们来说是个难得的机会，这将让他们获得财务自由，取得难以想象的成功。接下来的几天里，他们不停地谈论这个计划，最后决定开始实施这个计划。因为他们相信，“凡是见到这个计划的人，肯定都会加盟的！”。

但是，事情并没有他们想象的那样简单，并不是每个人都像他们那样热情高涨，有些人根本就不来参加他们的聚会，听他们讲解这个计划，一些好朋友甚至对他们避而不见。

尽管如此，他们的事业还是慢慢地发展起来，只不过发展速度不尽如人意。

“想想，”卢克对米娅说，“要是人们能够主动说出他们愿意加盟的原因，不用我们去说服他们，那该有多好啊。要是有这样的方法……”

方法是有的——本书就将告诉你这种方法。

大多数人在加盟时最担心的一点是，他们认为只有精明能干的高手才能提升到最高级别。但是，请你别担心，本书介绍的方法简单易行，能让你轻而易举地发展新客户。书中没有空虚的言辞，只有技巧和实用原则。只要你照着去做，你就能成功。

我为什么写作本书?

1980年，我第一次接触到直销。当时我感到非常惊奇，竟然有这样简单易行、合乎法律、合乎道德、妙趣横生的生财良机。它不只是一个“快速致富计划”，它还是一套“致富”的系统。

过去10年中，我一直在研究、发展沟通技巧和销售技巧，这些技巧使许多公司利润猛增，造就了很多百万富翁。我想，“哇！如果将这些大获成功的技巧引入营销，那肯定会产生惊人的效果！”

本书这些技巧就是在营销中经过多年应用、调整，检验实践的结晶。同其他许多人一样，你也会发现，这些技巧简单易学，将一路激励着你迈向巨大的成功。

最重要的是，你无须改变已经学到的技巧，只需花上两小时的学习时间，再加上一些潜心实践，你就能开创自己的生意，取得惊人的成功。

承诺

要学习这套方法，你必须首先做出承诺。

> 如果你承诺，在开始的14天里，你将这些技巧熟记于心，并且不做任何改动。
>
> 那么，我承诺你的收获，将超越你最疯狂的梦想。

这可是一个重大的承诺，对吗？但同时也是一项双向协议——我要你做出承诺，练习，练习，再练习，直到睡梦中也能复述那些话语。不要“如果”，不要“但是”，不要“也许”，只要矢志不渝地学习这些技巧。只有这样，你才能终生拥有这些技巧。我曾为各种企业担任过顾问、指导、合伙人，运用这套方法后，这些企业都赚取了数亿美元，吸引了数以千计的新人加入到他们的队伍中去，赢利增长了20%、50%、100%、500%，甚至是1000%。这并非夸大其词。本书传授的方法将让你的生活发生翻天覆地的变化，但你必须答应信守这套方法。如果你同意，现在就大声说："我同意。"

如果你没有大声说出来，那就返回前面，重新读一遍本节内容。

特别说明：本书各处提到的"他"，都适用于男性和女性。如果行为有性别差异，本书将给予特别的说明。

你的个人涡轮增压器

很多优秀书籍和磁带、光盘都谈到如何订立约会、如何讲解生意计划。因此，本书将不涉及这些技巧。本书要告诉你的是，如何做，说什么，如何说，才能在面谈时说服你的目标客户。

本书的目的在于，为你的讲解技巧增加能量，同时无须改变现有技巧。因此，本书的大部分重点将放在"第二把钥匙"——"找到关键按钮"。

凡是有效的技巧，千万不要改变它，给它增加能量吧！

?

QUESTIONS
ARE THE ANSWERS

第一章 第一步

!

FOLLOW YOUR DREAM

同生活中的许多事情一样，很少有人能够看出本章开头那幅图画有什么奥秘。未经训练的眼睛只能看见一些毫无意义、毫不相关的线条。可是，如果你学会了透过现象看本质，领会内在含义，你就会知道，只需稍微调整一下角度（将第一页纸倾斜成一定的角度，放在较远的地方，闭上一只眼睛。你就可以看到，它其实是FOLLOW YOUR DREAM，中文意为“紧紧跟随你的梦想”），就能找到答案。这正是本书要给你的方法。

获得成功的五大黄金定律

11岁时，我就开始销售家用海绵，筹钱修建童子军团大厅。军团长是一位睿智的长者，他悄悄地告诉我一个秘诀，我把它叫做“因果定律”。我一直遵从这条定律，我敢保证，任何人奉行这条定律，最终都会获得成功。我将原原本本地告诉你这条定律——成功就是比赛，比赛次数越多，获胜次数就越多；获胜次数越多，你的发挥就越成功。

把因果定律用于营销

约见更多的人加盟，更多的人就会加盟；约见的次数越多，你的约见技巧就越娴熟。换句话说，你必须约见大量的人，让他们成为你的营销目标客户。

定律一：约见更多的人

这是最重要的一条定律。只要有人愿意停下来听你讲，你就要讲给他们听。不要只会精心分析、挑选理想的目标客户。如果你发现自己在浏览目标对象名单时说："他们年龄太大了……年龄太小了……太有钱了……太穷了……距离太远了……太精明了……"那么，你就走上了失败之路。在你的业务拓展初期，你需要见人就讲解你的计划，因为你需要积累经验。一旦向所有人讲解了你的计划，平均率法则就将证明：你肯定会取得成功，只是成功大小的问题。只要工作量增加了，业务拓展过程中碰到的任何问题，都会迎刃而解。如果你对自己的人生方向感到茫然沮丧，只需加倍讲解自己的计划。如果业务的拓展速度不如你意，那就增加你的时间和精力投入——约见更多的人。增加活动量是排除干扰、解决万难的灵丹妙药；向任何人讲解你的计划，此乃第一定律。

定律二：约见更多的人

不断地打电话给目标客户，见人就要讲解你的计划，你完全可以成为全城的最佳计划讲解者。可是，如果没有约见到足够的目标对象，你的事业将一败涂地。你可能很会穿着打扮，你的性格可能讨人喜欢，但是，如果不进行大量的计划讲解，你将永远是平庸之辈。向所有目标对象讲解你的计划吧。

定律三：约见更多的人

很多营销人员拓展业务时一路跌跌撞撞，潜力一直没有得到最大的发挥。他们认为是因为那些他们未能说服的目标客户造成的。其实并非如此——是因为那些他们没有约见到的客户造成的。

继续讲解你的计划吧。只要遵循上述三大定律，你就会取得巨大成功！

定律四：运用平均率法则

平均率法则掌控着我们生活中每件事情的成功。平均率的意思是，在相同条件下，用同样的方法反复做同一件事情，所产生的是一组相同的结果。

比如，1美元“老虎机”的平均率为10：1。每按10次按钮，总收益为60美分到20美元。获得20美元到100美元的几率为118：1。这完全没有任何技巧可言，“老虎机”就是按照平均收益率或者按照一定收益比例设置的程序。

根据我的发现，保险业的平均率为56：1。这就是说，如果我走到大街上，问这样一个否定性问题：“你不想购买人寿保险，对吧？”每56个行人中，会有1人回答说：“我想购买！”也就是说，如果我每天问168人这个问题，就会签成3份保单，成为5%最顶尖的保险销售员！如果你站在大街上，见到有人经过就问：“你愿意加盟直销吗？”

平均率给出的结果，可能是每100个人中，有1人会回答说：“愿意。”平均率无往而不胜。

我小时候上门推销家用海绵，每份产品可赚取20美分。我的平均率为：

10：7：4：2

那就是说，在下午4点到6点之间，我每敲响10户门，7户会有人开门，4户会听我讲解，2户会购买海绵，于是我就赚到了40美分。在那时这可是一大笔钱，尤其是对一个11岁的孩子来说。在1个小时内，我可以轻松敲响30户门，2个小时内我就可以做成12单业务，赚到2.4美元。我知道平均率的效用，所以，我从来不担心有3户不会开门，有3户不会听我讲解，有2户不会购买产品。我只知道，每敲响10户门，我就会赚到40美分。这就是说，每次按响门铃，不管接下来会发生什么事情，我都会赚到4美分。

对我来说，这可是强大的动力——只要敲响10户门，我就可以赚到40美分！接下来，成功的问题，就是敲门速度有多快了。

记录你的平均率

记录销售活动的平均率和各项资料，使我获得了强大的动力。很快，即使有人不愿开门，不愿听我讲解，或者不愿购买，对此我都毫不在意了。只要我敲响了很多户门，尽力讲解，我就成功了。于是，我就可以放松心态，以敲门为乐了。

记录平均率和各项资料，
你就能保持积极心态，永不偏离目标。

这是获得持续动力、应对拒绝的关键所在。当你的关注点是平均率，你就不会受其他事情的困扰，你就会积极地尽快约见下一位客户。如果不了解平均率，你将受制于“接下来发生的事情”的困扰，碰到有人拒绝，你就会万分沮丧；门没有被打开，你就会意志消沉。当你领会、接受了平均率，这些都将变得无足轻重。将打电话、销售讲解和新客户的资料记录下来，你就可以很快得出自己的平均率。

我的“9美元老虎机”

青少年时，我做过一份夜间的兼职工作，主要是通过别人引见，来销售咖啡壶、平底锅、床单、枕套、毯子。当时我的平均率为：

5：3：2：1

我每给5位目标客户打电话，有3位会约见我，其中2位会给我机会讲解，另一位要么失约、取消约见、不愿听我讲解，要么有其他我无法控制的拒绝理由。两位愿意听我讲解的客户中，一位客户会购买，于是我就赚到了45美元。因此，每给5位目标客户打电话，我就会赚到45美元佣金，相当于每打一个电话，我就赚到9美元。

这就是说，电话那头的目标客户每说一声“可以”，不管他们是否购买，不管他们是否应约，也不管他们说些什么，都相当于让我赚到了15美元！哇！真是太神奇了！

我画了一张大标牌，写上“9美元”，放在电话旁。每个接电话的目标客户，都会让我赚到9美元；每个答应见面的目标客户，都会让我赚到15美元。这就是说，我的命运完全掌握在自己的手中！而大多数销售人员，一旦遭到目标客户的拒绝，就会感到万分沮丧。所以，很快我就成为了公司的全国最佳销售员。

我的平均率“5：3：2：1”转换为：

每个电话 9美元

每个约见 15美元

每个讲解 22.5美元

每个成交 45美元

我从来不寻找可能向我购买的客户。我的主要目标就是打电话给目标客户。

这就是成功的关键。不要寻找新的下级伙伴，要寻找愿意听你讲解的目标对象。平均率法则自然会关照你。

我如何成为顶级销售员

20岁时，我加入了人寿保险业，成为了一名保险销售员。21岁时，我成为了有史以来第一年就销售超过百万美元保险的最年轻的销售员，并合乎资格地加入了“百万美元圆桌俱乐部”。当时我的平均率为：

10：5：4：3：1

在每10位接听电话的目标客户中，有5位同意约见我，1位可能失约，所以只能约见到4位。

这4位目标客户中，只有3位能够听完我的讲解，1位会购买保险，于是我赚到了300美元。因此，我常常把专注放在如何让5位目标客户答应约见上。我从来不关注那些未能前来应约的客户，也不关注那些不愿听我讲解的客户，或者没有购买保险的那2位客户。在寻找购买者的过程中，这些事情是必不可少的。

事实上，即使有一位目标客户没有前来应约，我也无所谓，因为我已经预计到有一位客户会失约，所以，即便发生了这种情况，我仍然赚到了60美元。

你身处于数字生意之中。

我知道，如果10位客户接听了电话，其中有5位会同意约见我，我就会赚到300美元的佣金。这就相当于，目标客户每接听一次电话，就让我赚到了30美元。

我的平均率“10：5：4：3：1”转换为：

每个电话 30美元

每个约见 60美元

每个讲解 75美元

每个完成的讲解 100美元

每个成交 300美元

21岁时，我就拥有了自己的房子，开上了最新款的奔驰车，过着非常舒适的生活。现在就剩下一个问题：在电话里说服5位目标客户同意约见，需要多长时间。

定律五：提升你的平均率

我知道，在保险业里，我每次拿起电话，与某个人（任何人）通话，就会赚到30美元。但是，我认为，每打10个电话，只有5人同意约见，这个比例并不够理想，因为这意味着我浪费掉了太多的目标客户。我需要一套订立约见的系统，能帮我在10个电话中至少获得8次约见。这样一来，我就不会在电话里很快就将目标客户的资源用光，也就无须再像以前那样费力地去寻找目标客户了。

我的约见与讲解之比为5：4，也就是说，有20%的目标客户没有前来应约，因此，只要打电话给经过更好的资格过滤的目标客户，就能填补这个差距。我的讲解与成交之比为3：1，这个比例还可加以提升。不过，我仍然知道，就算我无力改变任何事情，只要拿起电话，我仍然能够赚到30美元。

平均率无往不胜。

记下平均率，你就能够保持清醒的头脑，知道自己什么地方需要改进，明白自己能够获得怎样的成功。它会让你更为专注于能够带来收益的活动上，而不是接下来会发生什么事情。

营销的平均率

从20世纪70年代起，我就一直从事对营销人员的培训工作，收集了大量获得极大成功的个人和团队的资料。

营销的典型平均率为：

10：6：3：1

在每10位倾听你的讲解的目标客户中，有6位会因此而兴奋，并表示将考虑与你洽谈。这6个人之中，有3位会真正考虑，其中1位会最终成交。因此，每讲解10次计划，就能获得一位能带来长期收益的客户。

现在的重要问题是：

向10位客户讲解生意计划，

你需要多少时间？

你对这个问题的回答，将决定你的发展速度。在人寿保险业里，每位保险销售员都能销售出百万美元的保单，只是有些人所花的时间要比其他人长得多。有些人需要3年至5年，有些人只需1年——而这正是获得报酬和奖赏的基础。我能够非常有条理地安排约见客户，3个月内就销售了价值百万美元的保单！因此，这是一个做计划的问题，而不是一个销售问题。营销也是完全如此。很多营销人员未能获得巨大成功，并不是因为他们没有说服目标客户，而是因为他们没有约见目标客户。如果你希望自己立即业绩翻番，这就是答案——

今年就约见明年的目标客户。

明年你会打电话给新客户，讲解你的生意计划，对吧？那就赶快给他们打电话吧！今年就约见他们，现在就去见他们吧！你的问题并不是销售问题，关键是要高度强化自己的组织能力，充分激励自己，约见尽可能多的客户，以最快的速度约见每一个人。营销要取得巨大成功，不是说服客户，关键是尽快做到让自己的思路有条理，约束好自己，尽可能多、尽可能快地约见客户。提升平均率只不过是一个学习的过程。

?

QUESTIONS

ARE THE ANSWERS

第二章
说服客户的技巧

!

盖汶，快说吧——你真像卡壳的磁带！
哎，你注意到了吗(咔哒)……注意到(咔哒)……注意到(咔哒)……注意到(咔哒)……注意到……

“四把钥匙”技巧

当你讲解你的生意时，你的目标客户会相信你吗？答案非常简单——不会。他们会认为，你是在想方设法说服他们，让他们答应买你的东西。当你开始向他们推销，他们已经时刻准备好应对。所以，不管你对他们有多么了解，他们很可能会采取保护性或防御性的姿态。你面临的问题是——

你说的任何话，
目标客户都会反对。

这并不是因为你说的话不真实，而是因为这话是你说的。你说的话，只是你的观点，并不是他们的观点。因此，目标客户完全有理由表示反对。另一方面——

目标客户说的任何话，
都是真实的。

这是因为这话是他们说的，是他们的观点，不是你的观点。这样，他们的观点就可以接受，他们无须表示反对。

你即将发现的技巧，将让你只需聆听，就能听出目标客户内心的真实想法。

如果你对目标客户说："你会过上一种你想要什么就能有什么的生活。"他可能会回答："可是我并没有感到现在的生活不快乐呀。"很可能这种反对根本就不真实。但就因为这话是你说的，他才表示反对。

但是，如果目标客户对你说一模一样的这句话，那就是真实的。比如，目标客户说："我想过更好的生活，想拥有更多美好的东西。"那就不存在任何反对，因为这话是他自己说的，是他自己的观点，不是你的观点。

运用"四把钥匙"，
你就能听出目标客户内心的真实想法。

目标客户为什么会反对

我曾问过一位营销人员，他最近与一位目标客户的沟通结果如何。他回答说：“不是很好——她不太感兴趣。”我问他这是什么意思，他说：“我不太清楚——她只是不感兴趣。”

没有不感兴趣的目标客户，
只有让人不感兴趣的讲解。

她的真实意思是，这位营销人员让人不太感兴趣。

你瞧，如果你让人感兴趣，你的目标客户就会感兴趣。

打开营销宝库的四把钥匙

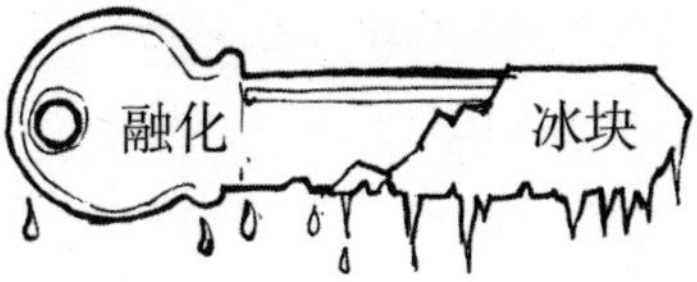

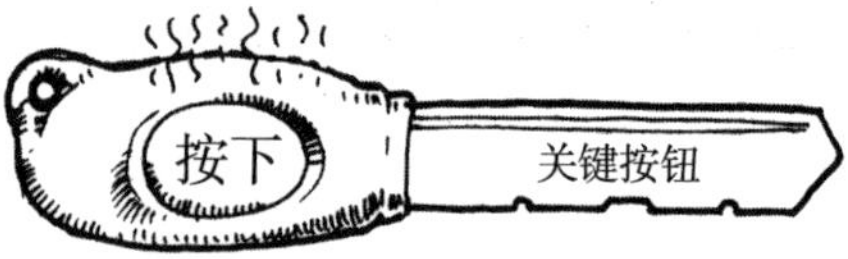

这四把钥匙组合使用，就能在最短的时间内，让你从一个冰冷的开场白达到说服目标客户的目的。

第一把钥匙：融化冰块

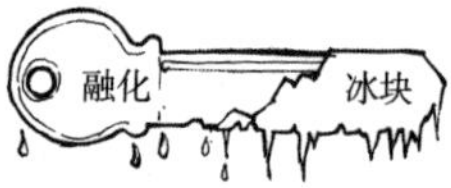

这是开场白阶段，其目的是通过交谈，加深相互了解，从而与目标客户建立融洽的关系。

这把钥匙完全是为了销售你自己。如果一个人喜欢你，很可能就会喜欢你的一切；如果他不喜欢你，不信任你，那么，你的讲解计划，对他而言就变得毫无意义。

你在这个阶段要呆多久呢？

销售自己、建立信任需要多久，

就在这个阶段呆多久。

一旦你建立了信任，目标客户听你讲话时就不会带任何偏见。这正是你所需要的。对有些目标客户来说，这个过程也许只需三四分钟；而对有些目标客户来说，则需要三四十分钟。

第二把钥匙：找到关键按钮

对这个阶段的情况，我们一定要了如指掌。你的目标客户可能会变得情绪不安，也可能会变得兴奋，或沮丧，或忧虑，甚至是生气。他们不是对你，而是对他们自己感到愤怒。在这个讲解部分，你根本不需要自我满足的人。人们一旦满足于自己的目标或抱负，就会对自己的工作沾沾自喜。你的营销团队中不需要自我满足的人。在强烈的情感推动下加入的目标客户会激励自己取得成功。在这一阶段，你将学会如何发现目标客户的“首要激励因素”（PMF）。

目标客户的“首要激励因素”，就是他们加入你的生意的原因。

每个人都会受到两大因素的激励：
或者为了有所得，或者为了避免有所失。

有了第二把钥匙，你就会明白，如何才能发现目标客户的“首要激励因素”，而发现后又如何点燃他们的内心之火。在此，目标客户将告诉你他们想得到什么，不想失去什么。

在四把钥匙中，这是最重要的一把钥匙，因为目标客户将亲口说出他们的希望、梦想和恐惧。

目标客户为什么会加盟

我们经过研究发现，大多数目标客户加盟直销的“首要激励因素”有：

◎额外收入

◎财务自由

◎自我创业

◎更多的空闲时间

◎个人成长

◎帮助他人

◎结交朋友

◎退休保障

◎留下遗产

当你仔细研究这份清单，你会注意到，其中的某一条，可能就是你拓展营销事业的首要激励因素。有些可能是处于次要的因素，但总有一个处于最优先的位置，这就是你的“首要激励因素”。

“首要激励因素”至关重要，但你也必须明白：

每个人加盟直销的“首要激励因素”
并非都和你的相同。

比如，你可能喜欢巧克力冰淇淋，但这并不是说，每个人都喜欢巧克力冰淇淋。有些人喜欢草莓冰淇淋，有些人喜欢焦糖冰淇淋。但是，如果你喜欢巧克力冰淇淋，你会发现自己很容易同人们谈起它，不但如此，你还希望与大家分享，而且很难理解为什么有人会不喜欢它。大多数人确实喜欢巧克力冰淇淋，但这并不一定就是他们的第一选择。

下面这些故事都是在生活中真实发生的，它们表明了“首要激励因素”的巨大威力。

罗恩为什么不愿加盟

阿尔伯特是一位自由企业家。他加盟直销的原因是希望获得财务自由。他想自己做老板，自己决定自己的收入，来去自由，还想把孩子送到最好的学校接受教育，拥有度假别墅等等。财务自由就是他的“首要激励因素”，因为有了财务自由，他就能拥有这一切。他对这些目标非常痴迷，谈起来没完没了，满腔热情。

在当地举行的一次筹款活动上，他遇到了目标客户罗恩，并邀请他来看看生意计划。同往常一样，阿尔伯特热情洋溢地向罗恩讲述了这个计划，罗恩感觉很好，并表示愿意加盟。

但是事实是，阿尔伯特再也没有见到罗恩。他一直不明白到底发生了什么事情。为什么罗恩没有行动呢?

问题在于，罗恩的“首要激励因素”并不是财务自由。他并不想发大财、住豪宅、开好车。母亲留给他的房子不大不小，让他感到很满意。他宁愿每天上班赶火车读报纸，也不愿开车遇上交通堵塞。罗恩觉得，财务自由的确不错，但还不足以打动他做出加盟的承诺。

真正让罗恩心动的是能够结识新朋友，学习新技能，为他所在的小区做贡献。正因为如此，他才参加筹款活动。可是，罗恩根本没有机会谈到这些事情，因为阿尔伯特一直滔滔不绝地向他灌输财务自由的观念。当时的罗恩肯定被阿尔伯特的激情讲解冲昏了头脑，当第二天太阳升起的时候，他就清醒了。数天后，罗恩就将阿尔伯特的激情讲解给忘了个精光。阿尔伯特没能发现罗恩的“首要激励因素”是“帮助他人”。

简的误判

简是一位34岁的单身母亲，有两个子女。她成为自由企业家已经有两年了。在一次聚餐时，她遇到了戴维。戴维似乎对她的营销计划很感兴趣，不断地请她多讲讲。简自己的“首要激励因素”是拥有足够的时间抚养和教育两个子女，但她还是能够清醒地知道，这并不是每个人的“首要激励因素”。

戴维50多岁，是一个干洗店的老板。于是，简以为他的“首要激励因素”是退休保障。她主要围绕这个计划能够给人提供舒适的退休保障来进行讲解。

当那天晚上结束的时候，戴维告诉她，他永远不想退休——他认为退休就是提早死亡。这个时候，简感到非常沮丧。简误认为退休保障就是戴维的“首要激励因素”。因此，戴维根本没有加入她的生意的动机。

永远不要做出假定

这会让你我出尽洋相。

当你对他人的“首要激励因素”做出了假定判断，你很可能会犯错。即使你的假定判断是正确的，那也只是你的观点，并不是目标客户的观点。因此，其影响力和激励性将大打折扣。

如何发现人们的“首要激励因素”

你需要借助这张“首要激励因素”的卡片。这份清单可以印在你的名片背面，也可以印在与扑克牌尺寸大小相同的提示卡或便携卡上。下面再次列出“首要激励因素”清单：

◎额外收入

◎财务自由

◎自我创业

◎更多的空闲时间

◎个人成长

◎帮助他人

◎结交朋友

◎退休保障

◎留下遗产

当你准备向目标客户展示这份清单时，有一个简单技巧——向你的目标客户提这个问题：

“你知道人们加盟直销的原因吗？”

这个问题非常简单，但非常绝妙。原因在于，如果你的目标客户回答说“不知道”，那你就可以说：

“我来告诉你吧。”

这个时候，你就可以拿出清单了。

如果你的目标客户回答说：“知道”，你就可以问：

“他们为什么加盟呢？”

你的目标客户会给出一些真实的或不太充分的理由，说明人们加盟直销的原因。等他把理由列举完后，你就问：“还有别的理由吗？”他回答说“没有了”，于是你说：

“我来告诉你吧。”

然后拿出你的“首要激励因素”清单。

接下来，向你的目标客户提出五大绝妙的“黄金问题”。

在你问过的所有问题中，这五大问题是最有价值的，它们将让你驶上成为营销明星的快车道（如果这是你的“首要激励因素”的话）。学会提出这五大问题，并做到烂熟于心，千万不要改变问题的顺序。你可是做出过承诺要这样学习的。

这五大“黄金问题”是：

1. 你的优先选择是什么？
2. 你为什么会选择这个呢？
3. 这个为什么对你如此重要呢？
4. 如果没有这种机会，又会怎么样呢？
5. 你为什么会为此担忧呢？

一字一句地学会这五大问题。提出这些问题的时候，不要转变话题，更为关键的是，不要改变提问顺序。

在和目标客户交谈的时候，有些营销人员喜欢运用“好奇法”，而另一些人则喜欢“直接法”。下面这个例子更多地使用了“直接法”，因为这种方法便于讲解观点。这是一份真实的谈话记录。

安吉约见雷和露丝

雷和露丝是一对夫妻，他们二十五六岁，刚刚搬进新家，与安吉家仅有两户之隔。在一次邻里拉家常的话题中，安吉说到自己在从事一个销售的生意，还说很乐意告诉他们这个生意是如何运作的。

露丝说他们没有多少空闲时间，所以应该没有多少兴趣。雷有两份工作，露丝说她晚上非常忙，要整理新家。

安吉说，她发现有两份工作、刚搬新家的人的生活大都如此，但她还是愿意讲解一下这个生意，说不定他们今后会感兴趣。安吉邀请他们到自己家来喝咖啡。“周六下午4点左右，可以吗？”她问。雷和露丝答应了。他们4点钟到了安吉的家，闲聊了一阵，喝了一会儿咖啡，然后安吉告诉他们说是直销。雷和露丝告诉安吉说，他们听说过直销，还知道有人做过但没有成功，应该是卖肥皂之类的东西。然后他们问道；“跟安利一样吗？”下面就是安吉的应对方法：

安吉：“你们知道人们加盟直销的原因吗？”

雷：“有点儿像上门销售，对吧？”

安吉：“我来告诉你们吧。”

安吉（随意地拿出“首要激励因素”卡片）：“这些就是人们加盟直销的主要原因。**你们的优先选择是什么？**”

雷：“啊……嗯……对我们来说，可能是财务自由吧。”

露丝（语气坚定）：“肯定就是！”

安吉：**“你们为什么会选择这个呢？”**

雷：“因为我要做两份工作，赚钱偿还借款。露丝要不停地加班，存上一笔钱，待我们的小孩出生的时候才有保障。我们希望我们的孩子获得良好的教育，不想总是为了钱而疲于奔命。”

安吉：**“这个为什么对你们如此重要呢？”**

雷：“我说过，我们想还清房款，让我们的孩子获得良好的教育。我和露丝从来没有这样的机会。”

露丝（接过话题）：“对，我的父母总是辛辛苦苦才能勉强维持生计。我们可不想过他们那样的日子。”

安吉：**“如果没有财务自由，又会怎么样呢？”**

雷：“我们就会过父母那样的日子。就是说，日子非常拮据，赚到的钱几乎不够花销。”

露丝：“我们的孩子要获得良好的教育，这是一大笔开销。如果没有额外的收入，我们就不能让他们赢在起跑线上。”

安吉：**“你们为什么会为此担忧呢？”**

雷（有些紧张）：“我们说过，如果不能获得财务自由，生活就永远只能是一场挣扎，谁希望这样呢？”

露丝："我们还要为退休作打算，所以现在才这样拼命工作。"

分析：

这段对话的内容，任何一对有相似情况的夫妻都会谈到。但是，区别在于：在这段对话中，安吉提到了五大"黄金问题"，让雷和露丝透露了自己的"首要激励因素"。即便安吉能够幸运地猜中他们的"首要激励因素"就是财务自由，雷和露丝也会认为这是她的观点，不是他们的观点。如果安吉谈论财务自由，露丝和雷很可能会表示反对，因为这是安吉说的。但是，因为是他们自己说到了财务自由，那就是真的——他们不会反对。

让我们来看看这五大问题：

1."你们的第一优先选择是什么？"

这个问题其实是在问："你们今天为什么会加盟直销呢？"雷说他们的"首要激励因素"是财务自由，这就是他们会加盟的原因。

2. "你们为什么会选择这个呢？"

这个问题其实是在问："你们为什么会因为这个加盟呢？"他们都提到，希望还清房款，让孩子获得良好的教育，永远不缺钱用。

3. “这个为什么对你们如此重要呢？”

这个问题是在问：“请再说一遍——你们为什么会因为这个加盟呢？”雷提到“我说过……”，他再次提到自己，从而强化了加盟直销的原因。露丝还接过话题，给出更多的理由，说明为什么财务自由是他们加盟的“首要激励因素”。毕竟，她的父母过着艰难维持生计的生活，她不想过那样的日子。

4. “如果没有财务自由，又会怎么样呢？”

这个问题其实是在问：“你们不加盟，会有什么结果呢？”他们都变得非常激动。他们告诉安吉说，他们不愿像父母那样终此一生，也不愿孩子因为缺钱而不能接受良好的教育。

5. “你们为什么会为此担忧呢？”

这个问题让他们再次讲述了自己的优先选择。他们都变得激动起来，一再地强调：为什么财务自由是他们愿意加盟的“首要激励因素”。

这些都是他们亲口告诉安吉的，而安吉并没有说她的观点。

如果安吉完全照此告诉他们，他们很可能会给出不愿加盟的种种理由。但是，既然是他们自己说出的加盟理由，那这些理由就是真实的。

交谈过后，安吉告诉他们这个生意计划是如何运作的，借用他们的原话来描绘这个计划能给他们带来的利益和好处。她告诉他们，这个计划会让他们得到怎样的收获，避免什么样的痛苦。从雷和露丝的立场上看，这是实现梦想的最佳途径，因为这个生意计划说出了他们的心声、目标和恐惧。全都是他们自己的，不是安吉的。

布鲁洛如何啃掉一块硬骨头

布鲁洛是一位工程师，供职于一家联合委员会，吉姆是他的同事。一年前，布鲁洛开始加入直销，他认为这是摆脱日复一日按部就班工作的途径。他要寻求更广阔的发展空间。

有几次，布鲁洛向吉姆提及了这个“生意机会”，但吉姆反应冷淡。吉姆的姐姐也做过这类“生意”，曾极力劝说他加盟，但被他拒绝了，因为他认为自己是一个工程师，而不是销售员，也不想“纠缠自己的朋友”。

一天晚上，在喝咖啡的时候，布鲁洛随意地拿出了印有“首要激励因素”清单的名片。吉姆看着名片，布鲁洛的名字下方印有“直销与产品流通”字样。

布鲁洛：“吉姆，你知道直销是怎么一回事吗？”

吉姆：“知道。我说过，我的姐姐也曾经做过直销。就是上门推销之类的东西，对吧？”

布鲁洛：“还是让我来告诉你吧。”

布鲁洛翻过名片，亮出“首要激励清单”。

布鲁洛：“吉姆，这份清单上，**你的第一优先选择会是什么？”**

吉姆：“啊，我想……，应该是自我创业和帮助他人吧。”

布鲁洛：**“你为什么选择这两个呢？”**

吉姆：“我想找机会自己创业，我做工程师的工作都快20年了。如果我尝试这个生意的话，我还希望在这个过程中帮助别人。能够帮助别人，让我感到非常快乐。也正因为如此，我才主动参加了这个联合委员会。”

布鲁洛：**“这个为什么对你如此重要呢？”**

吉姆：“我说过，对我来说，未来无非是过去那种单调乏味的日子的简单重复——你是知道的。布鲁洛，我现在越来越担忧退休生活，那是挺不令人开心的。我想做点别的事情，但我都38岁了，那样太冒险，不敢做。”

布鲁洛：**“如果不能自己创业，又会怎样呢？”**

吉姆（不安起来）：“我说过，这就是重复过去那种单调乏味的日子。你是知道的，我们这种年龄的人甚至会死于压力过重。如果有更多时间，我会加入我儿子所在学校的家长委员会，我会花更多时间呆在自己的工作室里，自己给自己发号施令，我讨厌别人控制我的生活。”

布鲁洛：“你为什么会为此担忧呢？”

吉姆：“布鲁洛，如果时光能倒流，我会改变活法。我会更多地享受生活，少做些工作。我会为自己做事，不会像过去那样。”

布鲁洛：“这正是自由企业家能够给你的东西。你将拥有更多的时间，更多的自由，在帮助他人的同时，又能够自我创业，还没有重新创业的风险。让我告诉你我这个生意是如何运作的吧。”

在过去一年里，布鲁洛想尽办法让吉姆对这个生意产生兴趣，但都失败了。当知晓了五大“黄金问题”的秘诀后，布鲁洛意识到，这一年来，自己一直在试图告诉吉姆应该怎样生活，但那全是自己的观点，不是吉姆的观点。正是布鲁洛名片背面的清单和五大“黄金问题”，让吉姆自己开口道出了加盟这个生意的原因。

当古姆看到这个计划后，简直不敢相信自己的眼睛。“为什么从来没有人告诉我呢？”他说。答案是：以前人们告诉他的是为什么要加盟，而从来没有人让他自己谈及“首要激励因素”。

如何攻克牙医

这是发生在我身上的一件事情。弗兰克，44岁，是我的牙医。他在海边拥有一套价值百万美元的豪宅，还有一辆豪华轿车，而且生意一向兴隆。在大多数人看来，他应该是很成功的。有一天，在当地一家购物中心，我看见他坐在咖啡厅里，于是也进去喝杯咖啡。

阿兰：“弗兰克，生意怎么样？”

弗兰克（反应冷淡）：“还行吧……”

阿兰（幽默地）：“得了吧，弗兰克，你住海边豪宅，生意忙都忙不过来，赚了很多钱——应该很不错啦。”

弗兰克：“还不是为了生计。”

阿兰：“你既然不喜欢，那为什么不辞职干点儿别的？”

弗兰克：“阿兰，我想是不会的喽。”

阿兰："为什么？"

弗兰克（一本正经地）："因为我是一名牙医，我一直干的就是牙医——我就是做这个的。"

阿兰（兴趣盎然地）："唔……弗兰克，你是什么时候决定做一名牙医的？"

弗兰克："18岁的时候。我没有能够学习我喜欢的药学专业，牙科只是我的第二选择。"

阿兰："弗兰克，你喜欢做牙医吗？"

弗兰克（不假思索地）："谈不上喜欢，但很赚钱。"

阿兰："弗兰克，如果一个18岁的学生走进你的诊所，告诉你未来20年应该怎么生活，你会听他的吗？"

弗兰克（大声笑了起来）："18岁的毛孩能给44岁的人谈什么生活呀。"

阿兰："那你是不会听他的喽。" 弗兰克："绝对不会。"

阿兰："那你为什么……"

谈话停止了，死一般的沉寂。弗兰克惊讶得说不出话来。你看，他从来没有考虑过这样一个问题：一个18岁大学生的草率决定，居然会控制一个44岁的人的人生方向。我看得出来，这个问题对他震动很大，这可是一个千载难逢的好机会。我把手伸进衣袋，掏出背面印有“首要激励因素”的名片，放在他的面前。

阿兰：“弗兰克，看看这个清单。你生活中的优先选择会是什么呢？”

似乎是一段漫长的沉默，最终他给出了答案。

弗兰克：“更多的空闲时间。”

阿兰：“你为什么会选择这个呢？”

弗兰克：“我每天早上6：00就要起床，准备8：30接诊第一位病人。我下午6：00才下班，整天接触满腹牢骚的病人。我从未没有属于自己的时间，也没有时间和孩子们呆在一起，哪怕周末也是如此。我太累了，无法做任何有意义的事情。我从未拥有过的就是空闲时间。”

阿兰：“弗兰克，这个为什么对你如此重要呢？”

弗兰克（不安起来）：“我说过，我的生活就像上紧了发条，分秒必争。我真想当老师，有更多的空闲时间，有很多的假期。”

阿兰：“你是说……”

弗兰克：“牙医并不是人们想象的那样。当初我决定做牙医的时候……”

弗兰克说自己上了圈套，感觉从事牙医职业就像坐牢一样。他非常激动，足足讲了5分钟。

阿兰：“弗兰克，要是没有机会获得更多的空闲时间，那又会怎样呢？”

弗兰克（语气绝望）：“我的下半辈子就会被套在手术台上。我的孩子们正处于快速发育时期，他们和我共处的宝贵时光会很少。我的太太说，她早就受够了我这种压力重重的生活。”

弗兰克的脸变得苍白起来，双眼湿润了。我想他的眼泪就要夺眶而出了。20年来，他还是第一次说出了自己的心声。

阿兰（语气温和）：“你为什么会为此担忧呢？”

弗兰克没有回答，也无法回答。他确实为此忧心忡忡。我没有再对他讲什么，我怕他承受不了。更何况，我在这里应该给他买一包爆米花，而不是来改变弗兰克的生活的。3个月后，我去诊所看望弗兰克。接待员告诉我，他已经离开了诊所。有个星期一，弗兰克曾经来到诊所，宣布说一位朋友接手了他的诊所，他要放长假。3个月里，谁也没有再见过他。一年后，我听说他在美国销售汽车旅馆，以赚取佣金，做得很好。现在，我仍然不知道弗兰克在什么地方，也不知道他在做什么。但是，上面发生的这件事情是很重要的，因为它表明，这种技巧的力量有多么强大，它能改变人们的生活，哪怕是你最意想不到的人。

也许，弗兰克正在某个地方从事营销呢……

如何对待没有优先选择的目标客户

有时候，你会碰到这样的目标客户，他们声称自己没有优先选择。

客户声称没有优先选择，有两种原因。

第一，他们确实没有优先选择，也没有第二或第三优先选择。碰到这种情况，只有对他们付出的宝贵时间表示感谢，然后另寻目标客户。不要将时间浪费在那些没有希望、没有梦想、没有优先选择的人的身上。第二，他们担心做出选择后，就要按照优先选择去做。

下面就是应对这类目标客户的方法。

你：“你的优先选择会是什么呢？”

目标客户：“这些都不是……”

你：“都不是？”

目标客户：“是的。这些现在对我来说都不重要。”

你（随意地）：“假如有一个重要，那会是哪一个呢？”

目标客户：“假如有一个重要……可能就是财务自由吧。”

你：“为什么会选择这个呢？”

目标客户：“因为拥有金钱是很重要的，而且……”

然后继续提问五大绝妙的“黄金问题”。

沉默的力量

当你提出一个问题后，在目标客户给出完整回答以前，一定要保持绝对沉默。千万不要有任何冲动，帮助他们选出优先选择。这一定要是他们自己的观点，不应是你的观点。要他们自己讲出加盟的原因。这可能是目标客户一生中第一次被问及如此重要的问题。即使目标客户以前接触过营销，这也可能是他第一次遇到有人问过问题后就不再说什么。目标客户给出的回答也会显示，在今后很长一段时间里，他对这个生意的承诺有多大。

如何挑出山羊中的绵羊

对这五大绝妙的“黄金问题”，目标客户给出的答案，显示出他们被这个生意激励的程度，如果他们不假思索或随意地给出回答，或者给出不可信的答案，你就要仔细想想，是否邀请他们加盟。除非他们满腔热情，否则，他们只会满腹牢骚。对这五大绝妙的“黄金问题”，如果他们给出的回答是软弱无力的，你最好另寻目标客户。不管是否有你，拥有梦想、有优先选择的目标客户都会取得成功。

拥有优先选择的目标客户总会获得成功。
你只会帮助他们加速成功进程。

建立一个营销生意如同侍弄花园。你要翻土、施肥、清除杂草，确保花园不受恶劣天气的影响等。有些种子会生根发芽，但是，有些种子会枯萎死掉。你能做的只有浇水、施肥、除草。生命力强的种子自然会生根发芽。

如果你播下生命力弱的种子，你只能永远侍弄它们，巴望着它们生根发芽。不要自欺欺人，以为生命力弱的种子会因被鼓励而茁壮成长。这几乎是不可能发生的。真正的秘诀是，播下生命力强的种子。这正是五大“黄金问题”的目的所在——在播下种子前，测试它的潜力。

如果目标客户对这五大问题没有给出非常肯定的答案，那就不是理想的目标客户。也许对他来说，时机还不太对，也许他只会购买产品，推荐尽可能多的目标客户。但你一定要把大部分时间花在培育生命力强的种子上。

如何对一群人使用“首要激励因素”清单

只需少许实践，你就会发现，这是一把对一群目标客户进行计划讲解的神奇钥匙。你可以使用一份预先准备好的“首要激励因素”清单，也可以让听众自己说出加盟直销的原因。当使用“首要激励因素”清单时，你问某个目标客户：“你的优先选择会是什么呢？”然后保持沉默！接着问第二个、第三个目标客户同样的问题。很快，所有在场的客户都会告诉你他们加盟直销的原因。

如果你喜欢在讲解时用手写下清单，问每一个愿意主动说出“首要激励因素”的人：“你为什么会选择这个呢？”然后问完所有的问题，让所有的目标客户互相分享加盟的重要性。这是一大乐事，而你根本不用说一句话！你只需点点头，给予鼓励。

第三把钥匙：按下关键按钮

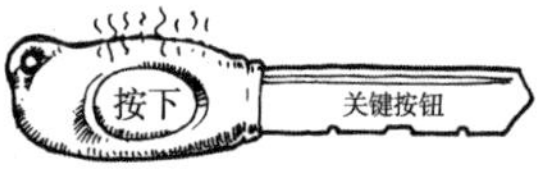

讲解计划

这是能让大多数营销人员闪闪发光的地方。在此，你要向人们证明，你的计划如何解决第二把钥匙——“找到关键按钮”中隐藏的希望、恐惧和梦想。你的团队导师会把一套行之有效的计划讲解方法传授给你。

但是，你还必须知道下面这句话：

> 这个生意计划只是解决问题的一种方法，
> 或者是实现梦想的一个途径。

问题的解决办法应该符合逻辑，但逻辑只能打开人们的心灵。五大“黄金问题”能够打开情感之门，激发目标客户找到自己的解决办法。如果没有找到目标客户的“首要激励因素”，就匆匆为其提供解决办法，那他很可能被热情冲昏了头脑，而情感并没有得到激发。正因为如此，有些目标客户通常几天后就会失去了热情。

在讲解计划的时候，要使用目标客户的原话。

比如：

“所以，这意味着，你能掌握自己的命运，有更多的时间和家人呆在一起。”

“这意味着，你能过上你所希望的那种舒适的退休生活。”

讲解计划时，如果你使用目标客户的原话，你的讲解就与他们息息相关，就会变得有意义，充满激励。这是他们的话，是他们的思想，不是你的。

第四把钥匙：得到加盟承诺

如果你严格采用上述方法，让目标客户加盟就不是什么大不了的事情。他们会因为自己的热情而兴奋起来，自然就会做出加盟的决定。当你每次讲解计划时，要时刻流露出开始做这个生意是非常自然的事情的态度；言行举止要表现出专业的形象，但要放松，就像是你的日常之举。

还应记住：目标客户加盟的时机一旦成熟，你就必须邀请他们加盟。

清楚、自信、肯定地告诉他们，你希望他们加盟。就在今天——不要等到明天。

这个系统为何行之有效

这“四把钥匙”是行之有效的说服客户的方法。因此，你必须严格遵守这套程序，以便取得最大的成功。我所见到的大多数营销人员都擅长“融化冰块”，他们知道如何与人友好交谈，建立融洽的关系。但是，大多数营销人员不能有效地“找到关键按钮”。他们“融化冰块”后，就直接“按下关键按钮”。即使他们能够很好地讲解生意计划，目标客户也不一定会受到激励并采取行动，因为他们的感情没有被激发出来。

正是因为这个原因，很多目标客户会为你讲解的计划兴奋不已，但几天后他们的热情就完全消失了。有些营销人员如此迷恋于充满激情地讲解计划，以致他们能够销售自己的观点，但是，他们滔滔不绝的讲解也会让他们前功尽弃！

生意计划只是目标客户希望借以“有所得”或“避免有所失”的一种办法。如果不能发现目标客户的“首要激励因素”，并点燃他们的激情之火，讲解计划就会变得毫无意义。

如果你非常擅长“找到关键按钮”，那就不必为“得到承诺”感到担心。只要知道如何激发目标客户的情感，他们自然就会开始为自己寻找问题的解决办法。

找到并“按下关键按钮”，建立你的营销网络就易如反掌了。

QUESTIONS
ARE THE ANSWERS

第三章
强有力讲解的六大策略技巧

嗨,你是新来的,对吧?
是的。
那你喜欢这个办公室吗?
是的。
同事也不错吧?
是的。
设备很不错吧?
是的。
那再见了。
噢,好的。
哎,那个新来的家伙说话简直跟挤牙膏似的。
ZANETTI

下面，有六个微妙但效果非同小可的小技巧，将为你的讲解注入超凡力量。

技巧一：巧用过渡语

过渡语能够保持谈话通畅，避免出现你说得过多或目标客户说得过少的情况。

如果你问对方一个绝好的开放性的问题，得到的回答却是寥寥数语。这种情形真是令人失望。

真实事例：苏如何让冰冷的弗雷德兴奋起来

作为一名自由企业家，苏希望与其目标客户弗雷德建立良好的关系。弗雷德供职于一家计算机公司，他同意在午餐时间听苏讲解计划。起初他的态度显得有些生硬，一副不愿交谈的样子，这让苏感到灰心丧气。

苏："弗雷德，你是怎么进入这个行业的？"
弗雷德："我一直对计算机很感兴趣。"

此时的苏无计可施了，不得不又问一个开放性的问题。

苏："你最喜欢计算机行业的哪一点呢？"
弗雷德："它总是处于变化之中。"

这个简短的回答使苏不得不再想一个更开放性的问题，来撬开这个沉默寡言的家伙的嘴。问题在于，即便苏不断地提出绝好的开放性问题，这个对话很快又会变得像警察局长审问犯人一样。

对那些言语简短的目标客户，最好使用"过渡语"让他们继续说下去。有效的过渡语有：

你的意思是说……？
比如说……？

然后呢……？

所以……？

后来你……？

你指的是……？

使用一个过渡语后，你必须保持沉默。幸运的是，苏曾经学过使用过渡语的技巧。下面就是她和弗雷的真实对话。

苏：“弗雷德，你是怎么进入这个行业的？”

弗雷德：“我一直对计算机很感兴趣。”

苏：“你的意思是说……”

弗雷德：“我是说为大中型企业建立网络系统。”

苏：“你指的是……”

弗雷德：“我指的是我为企业设计软件，让他们的工作更加便捷，提高了企业的整体效率。”

苏：“比如说……”

弗雷德：“比如说，昨天，我为一家遇到会计大问题的公司安装了一套系统。他们打电话给我……”

在这种情况下，苏不但成功地啃掉了一块硬骨头，而且没有半点儿调查的味道。大部分的话都不是由她说的。她获得了有关弗雷德的大量有用的信息，而且他在谈论一个最为重要的话题——他自己。

运用过渡语，保持谈话通畅

当你使用过渡语的时候，还要做下面三件事情：

1. 身体前倾、摊开手掌。

2. 延长过渡语最后一个字的发音。

3. 身体后靠、保持沉默。

身体前倾、摊开手掌。这种姿势有两大作用：第一，它通过非语言方式表明，你对听者没有任何威胁；第二，它向听者表明，话语控制权“移交”给了听者，轮到他说话了。

延长过渡语最后一个字的发音。这时，过渡语就变成了一个问题。否则，过渡语听上去就是肯定的陈述句。

例如：

弗雷德：“……这样，企业能够更加高效地运营。”

苏：“这指的是——……？”（延长发音）

弗雷德：“这指的是，人们的工作会更加便捷，能够更好地同客户打交道。你是知道的，大多数企业的计算机系统都不好……”

如果不延长最后一个字的发音，过渡语听上去是肯定的陈述句，甚至让人觉得冒失。

说完过渡语后，一定要闭上嘴巴，保持沉默！使用过渡语后，有时会出现长时间的沉默，似乎没有尽头。这时，一定要耐心地等待目标客户的回答。你摊开的手掌已经表明，接下来说话的责任交给了目标客户，所以就让他说吧。

聆听时的身体语言

下面这个例子表明，使用过渡语能够透露目标客户内心隐藏的动机，从而挖出有用的信息。

交出话语控制权后，你可以将身体向后靠，手托下巴，一副评价者的姿势。很快，聆听者就会条件反射般地将谈话继续下去。你的身体后靠多久，他就会说多久。

假设你的目标客户已经将财务自由作为自己的优先选择。

你：“你的第一优先选择会是什么呢？”

目标客户：“财务自由。”

你：“你为什么会选这个呢？”

目标客户：“因为我想有足够的钱做我想做的事情，这是很重要的。”

你（身体前倾、手掌摊开）：“你的意思是说——……”

目标客户：“我是说有足够的钱过上舒适的生活，让我的孩子接受良好的教育。”

你（身体前倾、手掌摊开）：“你说的舒适生活，指的是——……”

目标客户：“我指的是有足够的钱去度长假，开上好车，偶尔能买些奢侈品。”

你：“比如说——……”

目标客户：“比如说，如果要旅游，我就能够……”

运用“你的意思是说”和“比如说”这两个过渡语，你的目标客户就说出了他自己的内心想法、感受和信念，而且最重要的是，你并没有包揽所有的对话。

事实上，过渡语是一种开放性的问题。对那些沉默寡言或者回答简短的目标客户进行计划讲解时，使用过渡语的效果最佳。刚开始使用过渡语时，你可能会感觉有些奇怪（如果你习惯交谈，尤其如此），因为使用过渡语后，有时会伴随着一阵沉默。但是，如果听你说话的人习惯于给出简短答案，那他也习惯于交谈中出现的沉默，因此，对他来说，这一切都是完全正常的。使用过渡语非常有趣，能让你的讲解更富于趣味，而且能给予你掌控沉默的力量。

技巧二：点头

大多数人从未将点头当作一种有力的说服工具。在大多数国家中，点头表示赞同。这来源于鞠躬或弯腰，也就是说，“我向你鞠躬，我就服从于你的意愿”。因此，点头是一种简化了的鞠躬动作。

身体语言是内心情感的外在表现。点头有两大很有力的作用。如果你感到积极向上，你说话时就会做出点头的姿势；如果你的感觉不怎么样，但你还是刻意地点头，你的态度就会变得积极。换句话说，积极态度会引起点头；反之亦然，点头会引发积极态度。

如果你态度积极，就会点头；
如果你点头，态度就会积极。

点头还具有传染性。如果我对你点头，通常你也会点头，即使你不一定同意我正在说的话。点头是达成共识、求得合作的有效工具。然后你说完每句话后，再加上一些肯定性的表达，比如：

对吧？

对吗？

难道不是这样吗？

没错吧？

当说话者和聆听者同时点头时，聆听者就会产生积极正面的感受。此时，产生积极成果的可能性就会大大增加。点头技巧很容易学习，只要几天时间，你就可以把它作为你的身体语言库中的永久成员。

点头的另一个作用是使谈话保持通畅。具体做法是这样的，你问过一个开放性问题或者使用过渡语后，在对方给出回答的时候，你点头。他说完后，你继续点5下头，大约每秒钟点一次。通常，到第4秒的时候，对方就会再次开口说话，给出更多的信息。只要你保持身体后靠、手托下巴的姿势，你就不

男性抚摸下巴的姿势

女性抚摸下巴的姿势

会感到想说话的压力。这样一来，你就不会是一副审问者的模样。听人讲话时，你可以用一只手托住下巴，轻轻抚摸。研究表明，这种姿势能鼓励说话者延长说话时间。

技巧三：使用轻微鼓励语

当别人说话时，要使用轻微鼓励语，让他继续说下去。轻微鼓励语包括：

明白了……

嗯哼……

真的吗？

再讲讲吧……

轻微鼓励语能让我们从他人口中获得加倍的信息。同时使用轻微鼓励语、点头和过渡语，是延续交谈最有效的方法。

技巧四：目光控制

研究表明，人们在一个面对面的讲解中，传递给大脑的信息之中，87%通过眼睛传递，9%通过耳朵传递，4%通过其他感官传递。

例如，当你说话时，你的目标客户看着你讲解，如果他看到的东西与你讲解的信息没有直接关系，那他只能接收9%的信息。因此，如果你一边讲述旅行故事，一边画一所房子，那他很可能对你所讲的故事不感兴趣。如果你讲解的信息与文字资料有关，他看着文字资料，没有与你进行目光接触，那他也只能接收25%~30%的信息。

使用钢笔，保持目光接触

为了最大限度地控制目标客户的目光，可以用一支钢笔指着你的讲解图，同时读出目标客户所看到的东西。然后，将钢笔提起来，停在你和目标客户眼睛的中间，同时边说边点头。

透过钢笔顶端望着目标客户的眼睛，钢笔指向目光所及之处，会产生神奇的效果。让目标客户抬起头来，望着你的眼睛，从而通过眼睛和耳朵接收你讲解的信息，使你的信息产生最大的影响力。讲解时，一定要摊开另一只手掌，营造一种没有威胁的氛围。

使用钢笔，保持目光接触

技巧五：镜像模仿

如果两个人心理“同步”，他们的身体就会采用相同的手势和相同的姿势来达到生理同步。这种行为的目的，是要在两者之间建立融洽的关系，避免分歧。这种行为以非言语的方式表明，“我和你是一样的，我同意你的观点，同意你的态度。”

这种“同步”现象早在母亲的子宫里就开始了，胎儿的肌体功能和心跳同母亲的节律保持一致。因此，镜像模仿是一种

妈妈、爸爸和罗福

天生的倾向。

我们往往会下意识地模仿与自己关系融洽的人。在商业会议或社交场合中，相处融洽的人身上会表现出这一点。这也解释了为什么共同生活多年后的夫妻会越长越像。他们还会买一只与他们长相相似的宠物狗。

猴子看见什么，就模仿什么

下图中的两个人，就是镜像模仿的典型例子。他们的站姿相同，端酒杯的姿势相同，还有可能喝的是同样的酒，穿着打扮相似，连用词也相似。如果一个人将手伸进衣袋，另一个人也会模仿。如果一个人将身体重心换到另一只脚上，他的朋友也会这样做。只要两人关系融洽，这种镜像模仿就会继续下去。

镜像模仿会让人感觉“轻松”，是建立融洽关系的有力工具。通过研究慢镜头显示，镜像模仿包括同时眨眼、鼻孔张大、眉毛上扬，以及瞳孔同时扩大或收缩；这些细微姿势是不能有意模仿的，因此其意义非同寻常。

营造良好氛围

模仿他人的身体语言和说话方式，是迅速建立融洽关系的有利武器。遇到新朋友时，模仿他们的坐姿、姿势、身体倾斜度、手势、表情和语气。很快他们就会感受到你身上令他们喜欢的东西。他们可能会认为你“容易相处”。这是因为他们在你的身上看见了他们自己的影子。

镜像模仿、关系融洽的证明

注意：正确应用镜像模仿的策略。初次见面时，不要过早模仿他人。所以，等上数分钟，再进行镜像模仿，这是更为明智的做法。

镜像模仿、营造融洽氛围

镜像模仿的男女差别

男性和女性的大脑有着不同的情感表达方式。女性更多地使用面部表情，而男性更多地借助于身体动作和姿势。

通常，女性每聆听10秒钟，平均就会出现6种面部表情，借此对说话者做出情感反应和回馈。她会模仿说话者的面部表情。在旁观者看来，谈论的事情似乎发生在两人身上。

下面是女性聆听别人讲话时，10秒钟内出现的典型面部表情：

忧伤　　惊奇　　愤怒　　喜悦　　恐惧　　渴望

女性通过说话者的语气和身体语言，来解读话语的意义，并通过情感反应来显示自己的理解。这正是男性需要做的事情，以此吸引女性的注意力，让她们继续听下去。很多男性会被女性目标客户的面部表情吓倒，但一旦精于此道，就会获取丰厚的回报。

有些男人会说："她会认为我是怪物。"但研究表明，男性模仿女性的面部表情，她会认为他更聪明、更有趣、更有魅力。

男性为了避免遭受可能的攻击，就需要在公共场合抑制情感。因此，大多数男性聆听别人说话时表情凝固，就像雕塑一样。

下面是男性聆听别人讲话时，10秒钟内出现的典型面部表情：

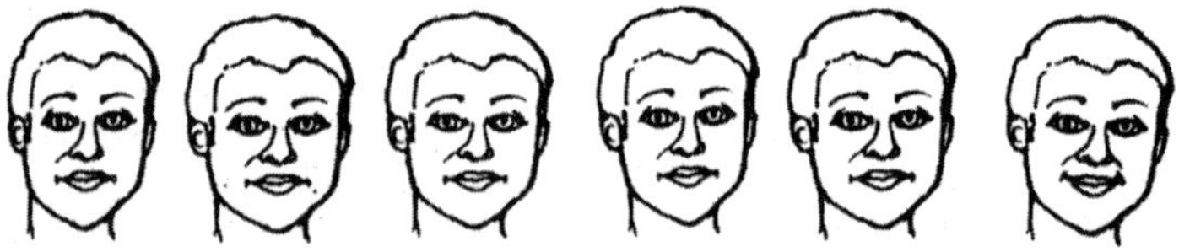

忧伤　惊奇　愤怒　喜悦　恐惧　渴望

这是对男性聆听方式的一种随意的考察。一旦了解这其中的真谛，就会增强其杀伤力。男性听众戴上毫无表情的面具，他们就会感到自己控制了局势，但这并不是说，他们就没有经受情感波动。经脑扫描显示，男性和女性有着同样强烈的情感反应，只不过男性不愿表露出来。

模仿男性的行为，关键一点是要知道，他是用身体语言而不是用面部表情来表明自己的态度。很多女性发现，她们很难模仿面无表情的男性，但是一旦学会模仿就会获得回报。如果你是一位女性，你就需要减少面部表情，不要显得过于夸张或吓人。最重要的是，千万不要自以为是地模仿男性。一旦出错，就会带来灾难性的后果。你会被认为是“愚蠢”或“轻浮”的女人。女性听男性讲话时保持严肃表情，男性会认为她们更聪明、更敏锐、更理智。

技巧六：保持同步

在模仿的过程中，为了进一步达成一致的态度，建立融洽的关系，还要保持同步的语速、语调和声音的抑扬变化。这就是所谓的“保持同步”，就像是和谐的二重唱。你会经常发现一个说话者的双手打着节拍，而听众则以相同的节奏点着头。随着关系的发展，两人的态度趋于一致，因此对主要身体语言的模仿会减少。于是，与对方保持同步语速，就成为了维系融洽关系的主要媒介。

说话时，语速千万不要超过对方。研究表明，说话时语速超过对方，对方会有“压迫感”。语速表明了一个人大脑有意识地分析信息的速度。说话时，要与对方保持相同或稍慢的语速，模仿对方的声调和抑扬变化。用电话订立约见时，声音是唯一的媒介，语速同步就显得非常重要，因此，你必须多加练习。

QUESTIONS

ARE THE ANSWERS

第四章
留下良好印象的六大神奇技巧

要留下糟糕的第一印象，这可是两种不错的方法。

你永远不会有第2次机会给人留下第一印象。也许你的祖母告诉过你这一点。她不需借助复杂的计算器就会知道，在不到4分钟之内，别人就会形成对你的90%的看法，而且至少会做出有关你的25项判断，包括你的年龄、收入、教育、地位、友好程度、可信赖度等。甚至银行在要求你提供担保之前，就已经决定了要借给你多少钱。幸运的是，有4个方面你可加以控制，这就是握手、微笑、衣着和个人空间（距离）。

技巧一：手掌的力量

身体语言符号中，最有力量，但最容易被忽视的就是手掌的运用。如果运用得当，手掌会给人以力量，让人获得权威性和无声的命令。

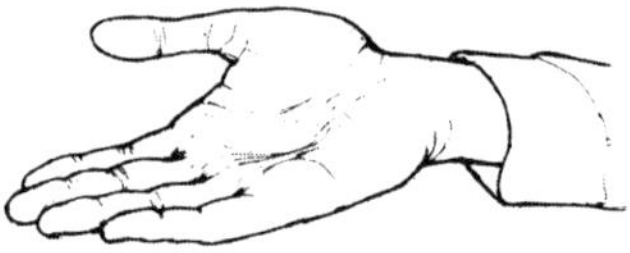

（图一）屈服

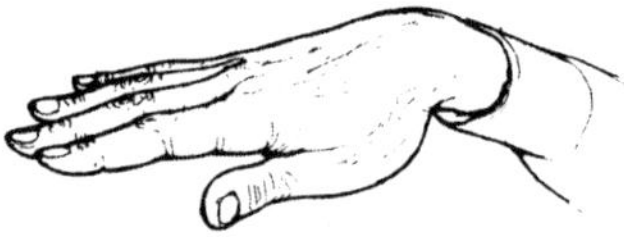

（图二）控制

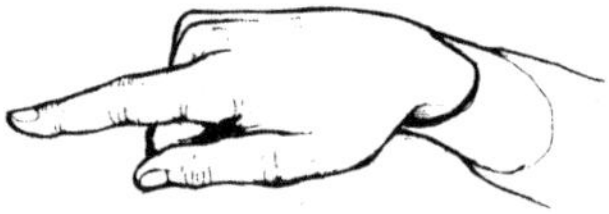

（图三）攻击

手掌主要有三种姿势：掌心向上、掌心向下、握拳伸指。假设你要求某人改换在房间里的位置，而你使用相同的语调、相同的话语、相同的面部表情，只改变手掌的姿势，那么，下面这个图例体现了这些姿势的力量差别。

掌心向上（图一）。这是一种非威胁性的姿势，对你改换位置的要求；此人不会有任何威胁感。从远古时代以来，人们就一直用这种姿势表明：此人手里没有任何武器。

如果将手掌翻过来，掌心向下（图二），立即就会传达出权威的信息。让人觉得，你在向他发号施令，可能会产生对立情绪，尤其是在他认为你无权如此武断的时候。

当你进行讲解时，如果不断使用“掌心向下”的姿势，很可能你会遭到听者的拒绝。

图三中伸出的手指成为了恐吓的象征，说话者仿佛在象征性地敲打聆听者，让他屈服。说话者伸出的手指是最具挑衅性的姿势，尤其是边说边用这个手指敲打。

有关对掌心向下和握拳伸指这两种姿势的研究表明，说话者使用这些姿势，聆听者会认为说话者更富于攻击性、更强硬、更自以为是、傲慢自大，他们很少记住说话者所说的话。这是因为聆听者没有听说话者说话，而是在揣测说话者的态度。

如果你习惯于握拳伸指，那就尝试使用掌心向上或掌心向下的姿势。你会发现，这两种姿势结合使用，能够营造更为宽松的环境，对聆听者产生更为积极的影响。

技巧二：握手

远古时代，穴居的原始人类每次见面时都要伸出手臂，掌心向上，借此表明手中没有握有或藏有武器。这种亮出手掌的姿势经过千百年的演变，发展出了多种姿势，包括抬起单掌、手掌捂心以及其他多种手势。这种古老问候仪式的现代版，就是两人的手掌交叉摇晃。在亚洲以外的许多国家中，通常在初次见面或离开时才握手，通常晃动3～7次。

我们已经讨论过掌心向上和掌心向下的影响力，现在我们来探讨这两种手势与握手的关系。

假设你刚刚与一个初次见面的人握过手，这会产生三种基本态度：

1. 控制：“这个人想控制我，我最好小心一点儿。”
2. 屈服：“我能控制这个人，他会听我的。”
3. 平等：“我喜欢这个人，我们会愉快相处的。”

这些态度都是在不知不觉中产生的。

握手时，如果你翻转手腕，掌心向下（图四），这会传达出控制的信息。你的掌心不一定完全朝向地面，但相对于对方的掌心，你的掌心朝下。这种姿势表明，你想获得控制权。对54位成功的高级管理人员的研究显示，其中42位会主动握手，而且采用控制性的握手姿势。这种握手方式不利于建立融洽关系，因为大多数人会对此感到害怕。采用这种握手姿势的主要是男性。

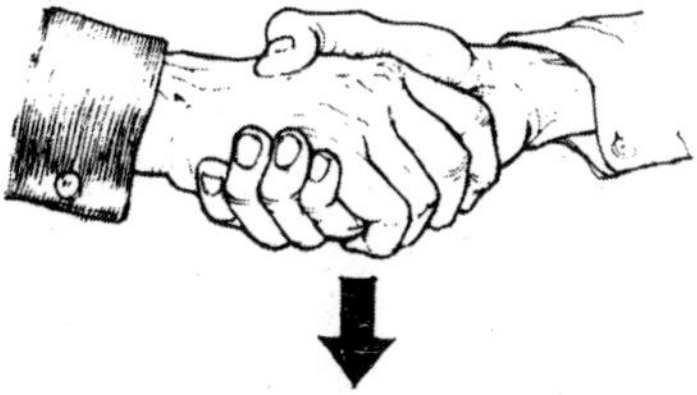

（图四）获得控制权

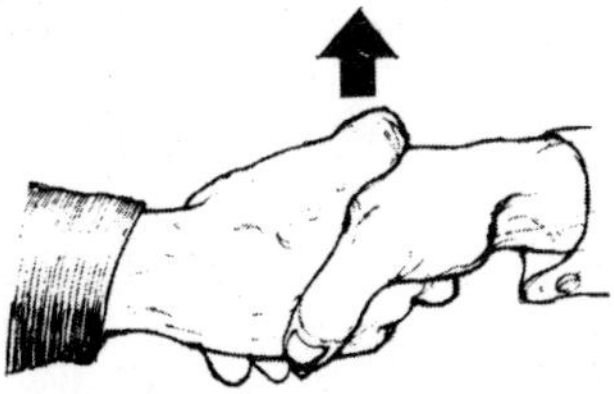

（图五）交出控制权

正如狗在地上仰面打滚，向攻击者亮出自己的喉咙；同样，我们人类会使用掌心向上的手势来表明我们屈服于他人。与控制性握手方式相对应的是伸出手掌，掌心向上（图五）。当你希望对方获得控制权或拥有支配感时，这种手势尤其有效。它还表明，你能够被对方吓住。

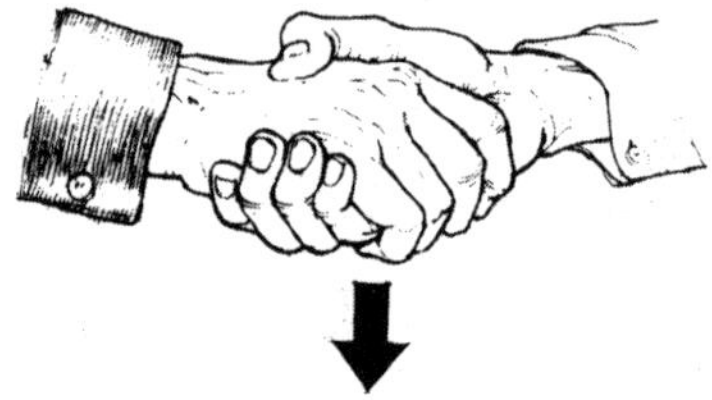

（图六）平等关系

如何通过握手营造融洽关系

为了营造融洽关系，握手时要注意两大原则。

第一，保持手掌垂直（图六）。这既不是控制性也不是屈服性的，而是平等性的。

这会让双方都感到舒服，没有威胁感。

第二，对方的握力有多大，你的握力就多大。这就是说，如果你被介绍给10个新朋友认识，你可能会根据与不同的人握手而多次改变握力，多次调整掌心的角度。

采用这种握手姿势，不会有失败者，也没有胜利者，双方都不会感到害怕。它会让双方更容易接受新观点，减少相互猜疑。

避免这样握手

避免与初识者双手握手。虽然双手握手的目的是要传达欢迎、热烈和信任的感情，但对被握者的效果会适得其反。他们会认为你不够真诚、缺乏信任感，或者别有用心。初次见面，一定要坚持单手握手的方式。

避免与初识者双手握手

技巧三：左手拿物

这种技巧看来不言自明，但很少有人加以注意。要经常训练自己用左手拿公文包、钱包和饮料。我们问候他人时，伸出右手与人相握。我们大都用右手开门、搬椅子、挥手告别。如果有人把你介绍给他人，而你的右手正端着冷饮，你就必须将冷饮换到左手。即使你做得很好，没有泼洒饮料，弄脏别人的皮鞋，但对方握的是你湿冷的右手，他们对你的第一印象就会是冰冷、潮湿。如果你右手拿着档案，开门、搬椅子或握手时需要换手，很可能将档案掉到地上，弄得自己像个笨手笨脚的傻瓜。

微笑是古老的安抚信号

技巧四：微笑的力量

在陆地动物中，只有人类裂开嘴唇、露出牙齿时，表达的意思不是要吃掉你的意思。微笑最初是一种安抚性的姿势，大猩猩和猴子也会借用微笑来表明它们没有威胁。

我们对微笑进行了研究，结果表明，微笑频率越高，人们就越靠近你，目光接触就越多，身体接触就越多，和你相处的时间就越长。换句话说，微笑对你的事业和生活极为重要。因为它向别人表明，你对他们没有威胁。

技巧五：尊重他人的领地

我们每个人的身体四周都有一层空间，这就是所谓的个人空间。其大小取决于人口密度和文化背景。例如，在大多数说英语的城市中，中产阶级家庭出身的人，需要46厘米（18英寸）的私人空间。在非威胁性的场合或社交场合，他们站立时彼此之间保持一米左右的距离（图七）。

在欧洲的大部分地区以及地中海和南美的许多地方，人们需要的个人距离可能只有30厘米（12英寸）。这就是说，他们要比大多数西方人站得更近，甚至会被人认为是“咄咄逼人”。

图八中的两人如果都来自地中海地区，那他们可能对这种距离感到很舒服。但是，如果一个是伦敦人，另一个是罗马人，那么，那个伦敦人很可能会认为，对方正在做出亲密或冒犯的行为。如果你靠近他人，发现每次靠近时对方都要向后退，那就要保持距离，不要再靠近。他们是在告诉你，他们需要这个距离才会感到舒服。

（图七）大多数说英语的国家里人们站立时的身体距离

（图八）地中海地区人们站立时的身体距离

一个敏感的话题

许多非英语文化地区的人，也具有极强的身体接触的倾向。这进一步加剧了不同文化之间有效交流的复杂性。这种情况的应对技巧非常简单——模仿对方的接触频率。如果对方没有接触你的身体，那你就不要轻举妄动。如果对方是意大利人或法国人，而且不停地接触你的身体，那你就应该做出相应的举动，否则，他们会认为你不喜欢他们。

技巧六：为成功而穿着

衣服遮盖了我们90%的身体，会极大地影响他人对你的诚信度、可靠度、专业性、权威性、社会地位和业务能力的评价。

本章不会对每个穿着部位加以分析，我只给出衣着得体的常规。在这方面，女性比男性更容易犯错，因为她们比男性拥有更多的款式、颜色和风格的选择。但是，由于男性的选择范围窄（衣服更少），他们头脑中没有特别的概念去正确地搭配款式，而且，每8个男人中就有1个人是色盲，无法分清红色、蓝色和绿色。

单身男子和马戏团小丑的区别是什么呢？

小丑知道什么时候该穿滑稽的衣服。

得体的商务着装的秘诀在于你如何回答这个问题——目标客户希望你如何着装？如果你想显得可信赖、让人喜欢、有权威性、有知识、有成功感、平易近人，目标客户会认为你应该如何着装呢？你会选择什么样的西装、衬衫、风衣、领带、裙子、鞋子、手表、化妆或发型？关键是他们的看法，而不是你自己的看法。

记住，你的目标客户的观点是非常重要的，因此，为他们而穿衣打扮吧。虽然着装有地区差别，还会受气候影响，但在你所在地区，总有一个成功人士的着装标准。

有人会问："那理查德·布兰森和比尔·盖茨又怎么样呢？他们的着装就像是刚从风洞中出来一样。"这些人是例外，不是普遍情况。如果我们都像他们那样着装，别人就会很难信任我们、跟随我们。如果你把世界上最成功的领导人和商业巨头们放在一起，你会发现，他们都有一个着装标准。这是我们依据的最安全的标准。不要依照自己的品位或喜好着装，这样你会自毁形象的。要按照目标客户的期望着装。

仿照目标客户着装，会让他们感到舒适，

但是，他们不一定这样跟随你。

QUESTIONS
ARE THE ANSWERS

第五章
身体语言——如何解读身体符号

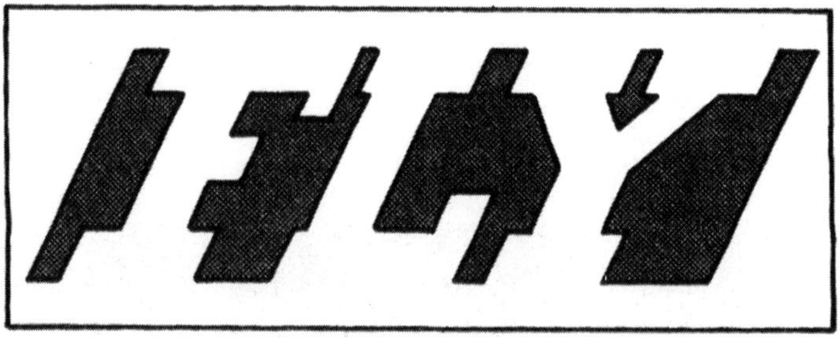

FLY

很多人无法看出其中的奥秘。你能看出来吗?

现在，几乎每个人都知道，可以通过他人的行为来读出他人的态度。1976年，我写出了《身体语言》一书，当时我不知道它竟然会产生如此之大的反响，也不知道它会被译成33种文字，发行量超过400万册。我们最初的身体语言研究和随后的多项研究结果表明，在一个面对面的讲解中，你所给出的信息对聆听者的影响如下：

用词	占总影响力的7～10%
声音	占总影响力的20～30%
身体语言	占总影响力的60～80%

这表明，你的外表、姿势、微笑、着装和动作最能够影响他人对你的态度。声音的影响力是用词的3倍。

解读身体语言的三大原则

原则一：解读身体语言组合

同任何语言一样，身体语言也包括单词、词组、句子和标点符号。每个姿势就是一个单词，可能有多种不同的意义。只有将单词放在句子中，才能完全理解其意义。组合出现的姿势就叫“身体语言组合”。

（图一）挑剔性评价的姿势组合

千万不要孤立地解读某个姿势。比如，挠头就具有多种意义，有头皮屑、有跳蚤、出汗、不安、健忘、撒谎，其准确意义取决于同时出现的其他姿势。要获得准确的解读，就要考察一组姿势，至少要有三种姿势。

图一显示的是挑剔性评价的姿势组合：一只手臂横靠在身体上，一只手靠在脸上，大拇指托着下巴，双腿交叉，眉头紧锁。

千万不要试图解读一个孤立的姿势，
它很可能只是鼻子发痒。

本章虽然是分析单一的姿势，但通常的情况并非如此。姿势是以组合形式出现的。

原则二：注意场合

我们应该结合姿势组合出现的场合来做出评判。例如，如果某人站在公交车站里，双手交叉，双腿交叉，耷拉着下巴，而且天气寒冷，那么，他很可能是感到很冷，并非是防御性姿势（图二）。

如果你坐在他的对面，劝说他接受你的观点，他采用了这种姿势，那么，你就完全可以做出解读：此人采取了防御性或负面性的姿态。

（图二）身体发冷并非防御性姿势

原则三：注意文化差异

一种姿势在一个国家里的意义，可能与在另一个国家里的意义大相径庭。例如，图三中的“指环”姿势，在西方国家中通常被解读为“可以”或“好”。如今，在能够接收西方电视节目的国家中，“好”这种意义已经变得非常普遍了。虽然这种意义正传遍全球，但在其他地方有着不同的起源和意义。

比如，在法国，这个姿势的意义是“零”或“无”，在日

（图三）美国人眼中的“好”，法国人眼中的“零”，希腊人眼中的侮辱性姿势

本是“金钱”，在某些位于地中海的国家中是侮辱性的姿势。

大部分主要的身体语言在各个地方都有着相同的意义。人们高兴的时候就会微笑，悲伤或愤怒的时候就会皱眉头或绷着脸。点头被普遍用于表示“是的”或肯定回答，就像我们前面说过的那样，这种姿势是低头的一种形式。微笑可能是人类的天性，因为先天性视觉障碍症患者也会微笑，尽管他们也许从未见过这种姿势。

在本章中，我们将提供一个简单的身体语言“词典”。这些身体语言在大多数文化中非常普遍，而且也是面对面讲解中最常见的姿势。

为什么女性更敏感

在我的《为什么男人不听话女人没方向》一书中，我们提到，男性对细微的非语言和声音线索不太敏感，因此，很多男性被女性说成是对他人的情感或需求“不够体贴”或“不够敏感”。

在社交场合，女性对男性说：“难道你没有看见我的表情吗？你应该很容易看出来，我想离开！”大多数女性可能很容易看出来，但大多数男性就是看不出来。

男人并非麻木迟钝，
只是他们大脑没有解读细微身体语言的程序。

如果一个女人说，她能够“看出”别人情感受到伤害，或者“看出”别人不同意大家的观点，那她就确实“看见”了这种伤害或异议。她已经看出来，此人的身体语言与大家的观点不同步，而且表露出自己的异议。女性为何能够“看出”异议、愤怒、欺骗或伤害，大多数男性一直对此深感不解。因为大多数男人的大脑与女人的大脑不同，他们的大脑没有解读细微身体语言的功能设置。也正因为如此，当面向女人撒谎是不明智的做法，打电话可能更安全！

如何学会解读身体语言

每天安排一刻钟，分析并解读他人的姿势，有意识地注意自己的姿势。任何人们见面交往的地方都是理想的解读场所。机场尤其是解读所有人类姿势的理想场所，因为在这里，人们的焦急、愤怒、忧伤、高兴、不耐烦，以及其他多种情感，都会通过他们的姿势表露无遗。社交场合、商业会议和聚会是身体语言汇集的场合，观看电视节目也是学习、解读身体语言的好方法。将电视的音量调小，只观看画面，尽量看懂节目的内容。每隔几分钟，将音量调大，你就能够检测自己解读非语言的准确性。很快，你不需要任何声音就可以观看整个节目，而且知道节目的内容，就像听觉障碍患者那样。用录像机录下自己的讲解情况，然后回放，并且关掉声音，让你的朋友和熟人评价你的表现。

身体语言解读速成指南

本参考指南列出了当你进行生意讲解时最常见的身体语言符号。

交叉手臂

将双手抱在胸前，这种姿势流露出超脱、防御的态度。这是天生的姿势，70%的人将左手抱在右手上。要想学会反过来抱手，这几乎是不可能的。这种姿势是为了保护心脏和肺免受攻击，为此，大多数灵长类动物也会使用这种姿势。

研究表明，使用交叉手臂这种姿势的听众能够回忆起的演讲内容，要比那些身体放松、坐着听的听众少38%。当你询问他们对演讲人的评价，与不交叉手臂的听众比较起来，交叉手臂的听众说话较短，目光接触较少，身体更容易向后靠，而且对演讲人的表现更为挑剔。

交叉手臂姿势还有几种细微的变化形式，包括半抱手（图四）、双手握（图五）、双手抱物（图六）。双手握的姿势可能缘于儿时，你紧张的时候，你的父母便会握住你的手。两手抱住手袋、眼镜或活页夹，这是为了将双手置于身前，以获得安全感。无目的地拨弄另一只手上的戒指、手表或衬衫袖口链扣，也能获得相同的效果。

在图七中，坐在右边的男子在恰当的场景中使用了一组姿

这可是一个难对付的家伙

（图四）

（图五）

（图六）

势：双臂交叉、双腿分开（男性攻击性姿势），半边眉毛上挑（挑剔性姿势），紧闭双唇微笑（保留性姿势），身体朝向另一边（不感兴趣）。其他两人互相模仿，关系融洽，让右边这位男子感到自己是局外人。

因果问题

一个人如果情感消极、充满防御和敌对情绪、不愿参与，他完全可以通过非语言信号传达出这些情感——将双手抱在胸前。我们经过研究知道，采用抱手姿势的听众，记忆的内容会减少40%，态度会变得更加挑剔。

（图七）右边这位男子感觉自己是局外人

请各位做做这个简单的试验。身体靠后坐，双手紧紧地抱在胸前，你会有什么感觉？拘谨？置身事外？没有参与感？研究表明，不管出于什么原因，只要采取交叉双臂姿势，就会产生消极情绪。这是因果关系。有这个习惯的人常常说他们感觉很“舒服”，这是因为交叉手臂姿势给他们带来了相应的情感体验。即使你自己不认为抱手姿势是消极的信号，你的听众也会无意识地认为你态度消极、不易接近。正因为如此，很难说服在温度较低的房间里的一群听众。讲解生意时，房间的理想温度为21℃。

关于克服这个毛病的一些有效策略：

1. 彻底摈弃交叉双臂的习惯。否则，你的听众对你说话的内容记住很少，对你更加不满意，更不喜欢你。要经常练习使用开放性的身体语言。

2. 尽可能让你的听众坐在带扶手的椅子上。这会让他们放弃抱手姿势，增强参与欲望。没有扶手的椅子摆放不要靠得太近，否则听众为了不碰到旁边的人，就会使用交叉双臂姿势。

3. 如果你的听众采用交叉双臂而坐的姿势，要打破他们的这姿势，可以让他们举手回答问题，让他们做一些身体参与性活动，发给他们纸和笔做笔记，或者给他们一些热饮料。

手脸接触

一些观察与起源

手脸接触姿势的研究者一致认为，这种姿势与消极情感密切相关。西方人和大部分欧洲人说谎时，会增加采用与脸接触的姿势的频率。亚洲人则不同，他们说谎时，会避免触摸头部，但脚部动作会增加。

说谎时，小孩常常会用手捂住嘴巴，成人则会采用（图八）中的姿势，说谎会增强鼻子的敏感性，因而会导致触摸鼻子（图九）。用手捂住眼睛，我们就看不见某些不愿意看见或不愿相信的事情，这是揉擦眼睛姿势的起源（图十）。拉扯耳

手脸接触姿势的起源

朵或揉摸耳朵（图十一）、抓挠脖颈侧部（图十二），这些姿势也表明，此人对所说的话不相信、不肯定。

关于手脸接触的一些有效策略：

1. 一定要结合环境、实际情形来解读手脸接触姿势。不要将鼻子发痒与欺骗混为一谈。

2. 当你进行讲解时，永远不要使用手脸接触姿势，否则会降低听众对你的信任感。使用镜子或录像机多加练习，消除手脸接触姿势。

（图八）

（图九）

（图十）

（图十一）

（图十二）

3. 当你进行讲解时，如果有人使用手脸接触姿势，可以采取如下做法：

“我看得出来，你有问题要问。请问是什么问题呢？”

更为有力量的说话是：

“你的身体语言告诉我，你想问问题。请问是什么问题？”

一定要谨慎使用第二个问题，因为这个问题有时会显得很唐突——这是专业审问员使用的问题！

积极的身体语言

1. 歪头

对所见所闻感兴趣时，我们会将头歪向一边。如果你的目标客户歪着头，那就继续讲解；如果他将头直立起来、摇头晃脑，或者将头耷拉在胸前，那就要让他参与进来，或者改变谈话方向。

2. 手脸接触

手放在脸颊上，而且没有支撑着头部，手指触摸太阳穴。这种姿势表明，你的讲解得到了积极的评价。如果手开始支撑着头部，那他们的兴趣就在消失。

3. 咬眼镜

人们会咬钢笔、铅笔，甚至是自己的嘴唇。这是评价的形式，常见于人们做出决定的时候。但也用于拖延做出决定，因为他们的嘴唇被占用了，因此，他们就感到有理由不回答。

4. 屈身前倾

我们会将身体靠近有吸引力的人或有意思的事物。不要把它和起跑姿势相混淆，两者有些类似，但起跑姿势的双手放在膝盖上，此人看上去马上就要开跑，也许是跑向门口。

5. 手指成尖塔形

这种姿势可以被孤立地加以解读，表现出冷静、自信的心态。但问题是，对什么感到自信？是对与你交往而感到自信？还是对自己的判断感到自信？他们以前听说过吗？结合这种姿势出现的环境，你就能得出正确的答案。

6. 拇指外突

拇指可以从外衣口袋、裤子口袋、西服翻领或裤子背带向外突出。突起的拇指传达的信号是优越感——自信、冷静，与手指成尖塔形相似。在听众面前，最好不要使用这种姿势，因为它会被解读为自以为是、傲慢自大。

7. 双手抱在脑后

这几乎是男性的专用姿势，其传达的信息是“我完全清楚了——所有的答案我都知道了”。可以向此人提出这样一个问题：“我能看出你有些明白了，你愿意讲讲你的经历吗？”其结果不是合作就是争论，取决于当时的环境。

消极的身体语言

1. 挑剔性评价

食指向上伸直贴住面颊，拇指托住下巴，中指放在嘴巴上或嘴巴旁。这种姿势被广泛使用，表现出聆听者的挑剔性想法。一个类似“你有何高见？”的问题，就能引出此人感兴趣的事情。

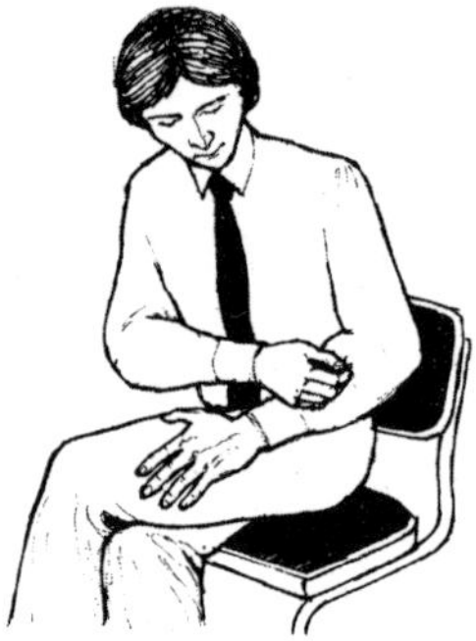

2. 假装拈拣绒毛

此人假装拈拣绒毛或掸灰尘，目光投向别处。这种姿势反映出聆听者不赞同所说的话。只需问他“我想你有问题要问吧”，就能产生很好的效果。

3. 拉扯衣领

如果有人内心藏有怒气、哀怨

或欺骗，他的脖子就会产生刺痛感，他就会产生将衣领拉离脖子的冲动。这时，只需问他“对此你觉得如何？”就可以了。

4. 脖子疼痛

这种姿势完全表现出了真实情况。极度紧张或极度失望，会让你拍打或揉擦后颈，以缓解因某人或某事让你感到“脖子疼痛”（难受）而引起的刺痛感。这种感觉是由颈部肌肉运动而引起的。

5. 缓慢眨眼

这种姿势令人不悦，有人感觉自己高人一等、更聪明、更富有或更潇洒时，就会使用这种姿势，而且通常还会抬高脚底，以增加身体高度。眼睛闭上后，不愿看见的东西就无法进入大脑。此人可能瞧不起你。

6. 腿搭在椅子上

这种姿势有多重意义：第一，此人感觉轻松，非常自信，尤其是腿搭在别人的椅子上；第二，它是地盘的象征，他将腿搭在椅子上就标出了自己的地盘。总的来说，这种姿势流露出无所谓的轻松态度。

7. 反向跨坐在椅子上

这种姿势主要是被男性采用，它传达出支配和优越的信息。椅背可以保护他免遭可能的“攻击”。叉开双腿，这是典型的男性支配策略。千万不要与采用这种姿势的人争辩。相反，应该让他参与进来，或者叫他将椅子摆正。

8. 缓慢揉搓手掌

揉搓手掌的速度反映了一个人的情绪。快速揉搓手掌的人，会为所有在场者的成就感到兴奋；缓慢揉搓手掌的人，只希望自己得到好处或者从谈话中获得利益。

典型的姿势集合

在下面这个场景中，右边的女子采取了典型的挑剔性评价姿势，左边的男子摊开手掌、身体前倾，想让这个女子敞开心扉。中间的男子双手成尖塔形，腿的姿势富有攻击性，自信、自我肯定的心态暴露无遗。

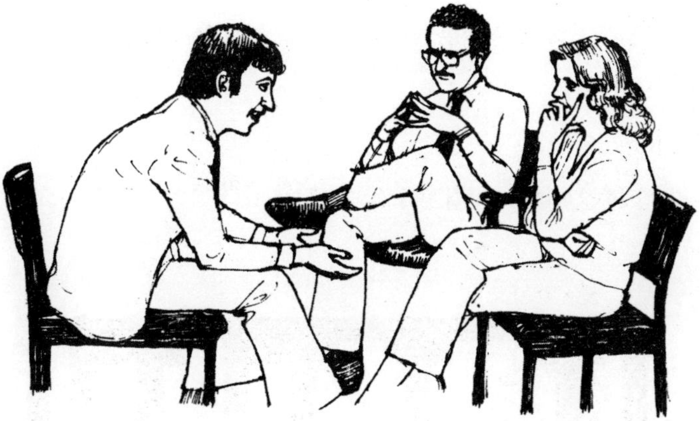

最后的话

身体语言就像拼图玩具。我们大多数人都拥有多张拼图，但是从来没有把它们拼接成图画。

永远记住解读身体语言的第一要领——不要孤立地解读姿势，永远着眼于姿势组合。一定要考虑姿势出现的环境，并注意文化差异。

拥有了解读身体语言的能力，就意味着你将能够看出日常生活中的奥妙。

下面这幅图，你看见了什么？

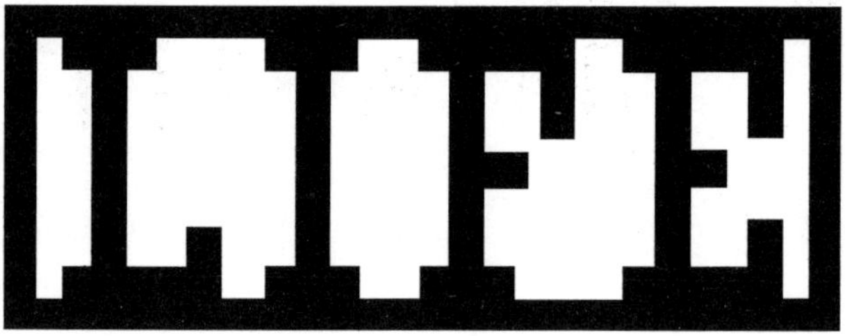

LIFE

结束语

你有多少次听到别人谈起顶级营销人员时，说他们是“销售天才”？

你不会听到别人说某人是“天生的工程师”、“天生的药剂师”、“天生的医生”。我们知道，这些是讲究科学的职业。

科学是基于观察、实验和测量的系统性研究所获得的技巧和技能。

顶级营销人员并非“天才”，也非“天生”。营销同其他科学一样，也是一门科学；同时也是一门可以学习的艺术。本书传授给你的技巧威力无穷，同时教给你运用、提升这些技巧的方法，以及与人打交道时需要观察的东西。营销科学是一门可以学习的技巧，同其他学科一样，需要热情、毅力和实践。

营销人员成功之路面临的一大挑战，是对负面响应过于敏感。如果你运用本书给出的技巧，你会明白，每个“不”其实也是实现目标的积极的一步。记下你的平均数，能不断向你证明这一点。

本书揭示的实用技巧，对许多人而言，一直是他们最大的绊脚石。现在，决定权就在你的手中。

自由企业家们一夜之间涌现出来，没有大吹大擂，没有铺天盖地的广告，他们最终建成强大的营销系统。其成功依赖于以推荐为基础的产品流通系统，完全由加盟者的热情驱动。它是有史以来人类创造的最有活力的生意机会。

本书已经给了你打开宝藏的钥匙，将驱动你高速迈向成功。本书的所有技巧都经过证实和实践检验，快速有效。只要你付诸行动，每个技巧都会发挥作用。你再也没有借口不达到你梦寐以求的高度了。

设定目标、勇往直前吧！

阿兰·皮斯

“阿兰·皮斯实在是一个令人振奋的人。我发现，你从来没有在学到这么多东西的同时，也笑得这么厉害。阿兰的演说具有任何大学所期望的高水准。”

——麦加利大学顾问讲师：布莱尔·斯通博士

“我们的观众评价显示，95%的人对阿兰的演说内容打了满分——10分。我从来没有见过一个演讲者能得到如此惊人的评价。对他的评价包括‘棒极了’、‘伟大的演说家’、‘大开眼界’。”

——行政总监：玛丽·华特士

“阿兰对人际关系深刻而难忘的演说，在高知识性和高娱乐性之间取得了平衡，让观众有机会在一天之内，在学习的同时得到了放松。”

——英国电信总经理：克里斯·厄尼肖恩

“毫无例外，我们的观众投票把它选为我们的最佳会议。我可以很老实地说，这多亏了阿兰。从他走上舞台的那一刻起，他就抓住了人们的注意力。每一次他在舞台上出现，人们的热情就明显地高涨起来。‘迷人’、‘具娱乐性’、‘闪闪生辉’等词语已不足以形容他的表现。阿兰的演说就如暴风雨般猛烈。真的很感谢你，阿兰·皮斯！”

——纳维斯人寿及投资公司总经理：KL·韦尔